正義

學習手冊

Activity Book

Learning About Justice

Center for Civic Education　原著

財團法人民間公民與法治教育基金會　策劃出版

國家圖書館出版品預行編目資料

正義：學習手冊 / Center for Civic Education原著；郭家琪譯. -- 初版. -- 臺北市：民間公民與法治教育基金會, 五南, 2013.10
　　面 ；　公分
譯自：Learning About Justice Activity Book
ISBN　978-986-89947-0-6（平裝）

1. 公民教育　2. 民主教育　3. 社會正義

528.3　　　　　　　　　　102018247

民主基礎系列《學習手冊》──正義

原著書名：Learning About Justice Activity Book
著 作 人：Center for Civic Education（http://www.civiced.org/）
譯　　者：郭家琪
策　　劃：林佳範
本書總編輯：李岳霖、黃啟倫
董 事 長：張廼良
出 版 者：財團法人民間公民與法治教育基金會
編輯委員：陳秩儀、李翠蘭、朱惠美、許珍珍
責任編輯：許珍珍
地　　址：104台北市松江路100巷4號5樓
電　　話：（02）2521-4258
傳　　真：（02）2521-4245
網　　址：www.lre.org.tw

合作出版：五南圖書出版股份有限公司
發 行 人：楊榮川
地　　址：106台北市大安區和平東路二段339號4樓
電　　話：（02）2705-5066（代表號）
傳　　真：（02）2706-6100
劃　　撥：0106895-3

版　　刷：2013年10月初版一刷
定　　價：150元

感謝
財團法人蘇天財文教基金會　贊助出版

出版緣起

財團法人民間公民與法治教育基金會董事　黃旭田

　　2002年3月，耶魯大學法學院Carroll D.Stevens及Barbara Safriet兩位教授在台北律師公會和國人分享美國法治教育的經驗、同年9月筆者和張澤平律師、黃三榮律師獲邀至日本茨城縣筑波市參加關東弁護士會2002年年會分享台灣法治教育的努力；一轉眼台灣推動法治教育與國際接軌已超過十年。

　　我們在日本首次知道美國公民教育中心（Center for Civic Education，簡稱CCE）出版了民主基礎系列叢書（Foundations of Democracy：Authority、Privacy、Responsibility、Justice），可供各個年齡層教學使用，於是我們決定將之翻譯後導入國內。2003年7月，筆者和台師大公領系的林佳範教授親訪公民教育中心，取得同意授權由我們在台灣出版這系列圖書的中文版。當年9月這套教材的K-2系列（Instructional Procedures for Prereaders），在國內以「泡泡伯與菲菲　認識權威」、「小魚潔西　認識隱私」、「動物管理員　認識責任」、「熊熊家族　認識正義」名稱出版，另外並有一本「民主基礎系列《指導手冊》」，這系列，國內稱為「兒童版」，出版至今已印製逾三萬餘套；另外並在2010年間出版大字版，可供老師在教學現場使用。接著在2005年11月這系列教材的3-5系列（Elementary Level），以「認識權威（少年版）、認識隱私（少年版）、認識責任（少年版）、認識正義（少年版）」名稱出版，同樣也同時出版一本「民主基礎《少年版教師手冊》」供老師使用，這系列國內簡稱為「少年版」；少年版並於2010年至2012年間陸續改換版面，並交由五南圖書出版股份有限公司合作發行。這套教材的6-9系列（Middle School Level And Above），自2007年9月至2008年3月間陸續發行中文版，書名為「挑戰未來公民——權威」、「挑戰未來公民——隱私」、「挑戰未來公民——責任」、「挑戰未來公民——正義」，另外也仍然一併出版「挑戰未來公民——教師手冊」，同樣由五南圖書出版股份有限公司合作出版，國內稱之為「公民版」。

　　這三套書在國內推廣時，兒童版主要用於幼稚園至低中年級，少年版主要用於國小高年級和國中；公民版主要用於高中及大專；然而老師實際運用時常反映國小階段不同的孩子心智發展有別，對某些中年級的孩子（也包括某些低年級或甚至高年級的孩子），兒童版太淺，而少年版又太深；因此我們決定將美國原本與兒童版一併發行的「Activity Book」也予以翻譯出版，書名就稱為「權

威」學習手冊、「隱私」學習手冊、「責任」學習手冊、「正義」學習手冊；同時為配合教學現場，每一冊的教師手冊都獨立成冊，也就是每一個主題都有一本學習手冊，再加上一本教師手冊。這套書或許可稱為＜較大兒童版＞，配合原本的兒童版與少年版，相信能讓老師依據孩子的狀況，有更適合的教材可供選擇使用。

本套書的出版承蒙財團法人蘇天財文教基金會贊助，在此特別感謝，當然全國各地許多老師與家長的鼓勵與鞭策，更是我們工作上最大的動力。

回首過往，1996年5月台北律師公會成立「法律教育推廣委員會」、1998年民間司改會成立「法治教育小組」；2003年來自民間的扶輪社友加入推廣法治教育的行列，並且與台北律師公會、民間司改會共同在財團法人中華扶輪教育基金會下設「法治教育向下扎根特別委員會」，導入美國公民教育中心的各系列教材；2006年在金士頓公司孫大衛先生捐款挹注下，交棒在民間司改會下設「法治教育向下扎根中心」；2011年年底更擴大組織獨立為「財團法人民間公民與法治教育基金會」，每一次的組織改造就代表著一次力量的茁壯，不過，我們的初衷從未改變，那就是藉由教育向下扎根，進而深化民主基礎，建設台灣成為一個優質的公民社會！

放眼當今，世界與台灣到處都是貧富差距、經濟衰退，國家內部常見朝野對抗、國際間則不斷發生主權衝突。其實如果能夠反思「有沒有好的領導人與規則（權威）」、「每個人有沒有被尊重（隱私）」、「誰該負責（責任）」、「這樣公平嗎（正義）」，用對話、傾聽、思辯進而決定，世界不會完美，但一定會變得比較好。這一系列的教材能夠給孩子帶得走的能力，請支持民間公民與法治教育基金會，並且與我們一起努力推廣，謝謝。

Table of Contents
目錄

正義／學習手冊

三　出版緣起

1　第一課　什麼是正義？

13　第二課　怎樣分配才算公平？

27　第三課　如何解決分配的問題？

33　第四課　怎樣回應錯誤和傷害才算公平？

45　第五課　如何以公平方式回應錯誤和傷害？

51　第六課　怎樣找出真相才算公平？
　　　　　　怎樣做出決定才算公平？

63　第七課　如何以公平方式找出真相？
　　　　　　如何以公平方式做出決定？

第一課
什麼是正義？

本課會學到的概念

我們會在這一課認識「什麼是正義」。我們會遇到三種正義的問題，這一課中我們會了解為什麼要把正義分成這三種。同時也會了解：遇到問題時，我們必須用公平的方式對待，這也表示我們必須公平的「回應」。

本課詞彙
決定<rt>ㄐㄩㄝˊ ㄉㄧㄥˋ</rt> 回應<rt>ㄏㄨㄟˊ ㄧㄥˋ</rt> 正義<rt>ㄓㄥˋ ㄧˋ</rt> 投票<rt>ㄊㄡˊ ㄆㄧㄠˋ</rt>

重要觀念

如何判斷事物是否公平？

「不公平！」梅爾抗議。

　　「公平得很！」劉說道：「不信你去問諾拉！」

　　「別問我，」諾拉說：「我不曉得這樣公不公平。」

　　要判斷一件事公不公平？這不是簡單的事。這本書會教我們如何公平的處理事物，做公平的決定。正義跟公平的意義其實是一樣的。我們會用「公平」，是因為大家早就明白公平這個詞。

你今天在學校看到什麼事很公平？為什麼這樣算公平？

_____

_____

_____

_____

你今天在學校看到什麼事不公平？為什麼這樣不公平？

_____

_____

_____

_____

「熊熊家族」的故事

　　還記得「熊熊家族」故事的第一章嗎？小熊們在森林裡野餐，遇到了一些跟公平有關的難題。讓我們仔細看看這些問題。

　　小倫找到一個裝滿蜂蜜的舊蜂窩，想要把裡面的蜂蜜占為己有。他記得媽媽說過：「你應該與朋友分享。」

小倫遇到什麼樣的公平問題呢？

小倫怎麼做？這樣做公不公平？為什麼？

請說出一個在學校裡發生有關「公平分配」的例子。

　　蒂蒂也想吃蜂蜜。她不聽媽媽的話偷偷的爬到樹上，這樣做並不對。「蒂蒂破壞了我們的家規，」墨菲媽媽說：「該怎樣處理才公平呢？」

墨菲媽媽遇到什麼樣的公平問題呢？

墨菲媽媽怎麼處理？這樣公不公平？為什麼？

請說出一個用公平方式「回應」錯誤的例子。

　　孩子們想玩遊戲。他們必須決定玩什麼。「決定」表示下定決心或確定問題如何處理。佩佩說要玩捉迷藏，泰迪認為這樣不公平，他說：「我們應該說出自己想玩什麼，然後舉掌表決。」「表決」就是以正式的方式把決定告訴大家。

熊熊們遇到什麼樣的公平問題？

熊熊們怎麼做？這樣公不公平？為什麼？

請說出一個用公平方式做決定的例子。

有哪三種「公平的問題」？

　　故事書中熊熊們遇到了三種公平的問題。

➜ 在團體中該如何公平分配事物。

➜ 要如何公平回應某人的錯誤。

➜ 要如何公平找出真相或做決定。

　　為什麼必須了解這三種公平？我們每天都得解決一些和公平有關的難題，解決這些難題，我們可以思考和狀況有關的問題；要處理不同的狀況，我們會問不同的問題。

　　首先，我們得先知道自己想解決的難題是哪一種，才知道該問哪些問題。接下來的課程中，我們會學到如何提出問題。解決公平的難題時，這些問題將會給我們很大的幫助。

解決問題。

仔細想想下面這六個例子，再回答。

1. 所有的小朋友都去公園裡野餐，有兩個小女孩在清理垃圾。

2. 球隊要選隊長，只有最好的球員可以投票。

3. 小個子撞到大個子。他不是故意的。大個子打了小個子。

4. 兩個男孩在鄰居牆上塗鴉，媽媽叫他們把牆面清乾淨。

5. 女孩扭著男孩的手臂，想要男孩說出窗戶是他打破的。

6. 男孩想要隊長選他。他跟隊長說如果選他，就會把點心給她吃。

■ 你認為這些例子的狀況公不公平？為什麼？

■ 這是團體中公平分配事物的問題嗎？

■ 這是公平回應錯誤的問題嗎？

■ 這是用公平方式找出眞相或做決定的問題嗎？

展示學習成果

　　在這一課中我們學到了三種公平的問題。我們每天都會在家裡、學校裡或鄰里間，遇到這三種難題。

　　請大家畫出三張圖，首先畫出在團體中**公平分配事物**的問題；再來畫出**公平回應錯誤或傷害**的問題；最後畫出**公平找出真相或做決定**的問題。

　　畫好這三張圖以後，請說出你認為怎樣才是公平解決問題的方式。你可以說出自己的想法，或者把想法寫在圖畫的背面，然後向班上同學報告。

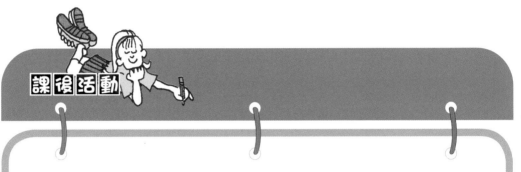

課後活動

1. 訪問學校裡其他的人，大人或小朋友都可以。請他們告訴你，他認為的公平或不公平是什麼。注意聽他們怎麼說，然後判斷他所說的屬於哪種公平的問題。把你的心得跟班上同學分享。

2. 用短篇故事或詩歌的方式，寫出其中一種公平的問題。

第二課
怎樣分配才算公平？

本課會學到的概念

　　這一課會學到在團體裡如何「公平分配」事物。當遇到分配的難題時，我們要學習問問題。這些有助於思考的問題能幫助我們做出公平的決定。

本課詞彙
能力 應得與否 家事 需求

重要觀念

"在團體裡必須與他人分配的事物有哪些？

　　無論在家裡、學校或鄰里中，我們都會跟朋友一起玩，也一起工作。

　　當我們跟別人一起玩或一起工作時，有些時候必須和別人分享事物。像是我們會和朋友共用玩具，說不定也得跟其他同學共用蠟筆。

　　有時我們也得分擔家事。家事是必須有人去做的工作或差事。例如：你去洗碗，妹妹去倒垃圾。這些事我們可能不喜歡做，但必須要有人去做。

在家裡，你會跟家人分配（分擔或分享）哪些事物？

_____

_____

在學校裡，你會跟大家分配（分擔或分享）哪些事物？

_____

_____

你會跟鄰居分配（分擔或分享）哪些事物？

_____

_____

「熊熊家族」的故事

記得「熊熊家族」故事的第二章嗎？小熊們野餐時遇到好多難題，都跟公平分配事物有關。讓我們仔細看看每個問題。

強生媽媽要貝貝分莓子給大家吃。貝貝說：「強生爸爸，你一大碗；小莉寶寶，妳最小碗。」小莉寶寶覺得貝貝不公平。

小莉寶寶需要吃得跟大熊一樣多嗎？為什麼？

小莉寶寶能夠（有能力）跟大熊吃得一樣多嗎？為什麼？

小莉寶寶應該（應得、值不值得）跟大熊吃得一樣多嗎？為什麼？

你認為小莉寶寶可以得到一大碗嗎？為什麼？

　　午餐後，熊熊們玩棒球。小倫當隊上的投手，小莉寶寶說：「可是我想當投手。」小莉寶寶沒有被選上，她認為這樣不公平。

小莉寶寶需要跟別人一樣擔任投手嗎？為什麼？

小莉寶寶有能力把球投得跟別人一樣遠嗎？為什麼？

小莉寶寶應該跟別人一樣擔任投手嗎？為什麼？

你認為小莉寶寶可以擔任投手嗎？為什麼？

　　接下來小熊們開始表演，每個人都有機會輪到。表演結束後，小莉寶寶說：「我想再表演一次。」她覺得不讓她再表演一次很不公平。

小莉寶寶需要比別人多表演一次嗎？為什麼？

小莉寶寶有能力比別人多表演一次嗎？為什麼？

小莉寶寶應該比別人多表演一次嗎？為什麼？

你認為小莉寶寶可以比別人多表演一次嗎？為什麼？

∥熊熊家族如何解決各種公平分配的問題？

熊熊們如何解決公平分配的難題？他們怎麼想？

他們會想一想大家相似的地方、也會想一想有哪裡不同。

➜ 強生爸爸和小莉寶寶都需要食物。強生爸爸比小莉寶寶高大。大人比小孩需要更多食物。

➜ 小倫及小莉寶寶想當投手。小倫以前當過投手。他能把球投得很好。小莉寶寶沒有能力把球投得像小倫一樣好。

➜ 所有的小孩都盡力的演出。他們都應該有一次表演機會。小莉寶寶認為她應該多一次演出機會。

小熊們必須想清楚怎樣解決分配的難題。首先，必須先留意大家在需求、能力、應得與否（表現）上有沒有相似的地方，然後再看看大家在需求、能力、應得與否（表現）上有沒有不同的地方。

這些觀念對你也有幫助。他們可以幫助你用公平的方式解決問題。

仔細看看每個問題。你認為這些情況公不公平？
為什麼？

1. 午餐時，最大的男孩吃最小塊的餅乾，最小的男孩
　 得到四塊餅乾。

2. 湯姆和莎莉都想在學校的話劇裡扮演小熊維尼。莎
　 莉演得比較好。湯姆得到演出的機會。

3. 三個小朋友破壞了班規，老師罰他們下課時間不准
　 玩。

4. 老師給在學校工作表現良好的同學打星號。他給三個學生每人四顆星，有些學生一顆也沒有。

5. 學校樂隊需要五個新的演奏者，有十個小孩想加入。其中五個非常用心練習吹奏樂器，另外五個並沒有。有的學生很努力還是演奏不好，有些不是很用心練習的，卻表現得不錯。樂隊指導老師選的是認真的學生。

展示學習成果

　　分組進行下面活動。每一組要先讀完這個故事，然後決定如何解決這個難題。使用需求、能力及應得與否的觀念。

　　每個小組必須編一個簡單的紙偶戲，說明如何解決這個難題，然後在全班面前表演。

小紅母雞

小紅母雞跟她的小雞住在一起，貓咪、狗兒、老鼠是她的鄰居。

小紅母雞種小麥，想用來做成麵包。

她想請貓咪、狗兒和老鼠這些鄰居來幫忙，鄰居卻異口同聲說：「不行，我們太忙。」

小麥長高了，小紅母雞收割磨成麥粉。

她請鄰居來幫忙，卻聽到異口同聲說：「不行，我們在讀書。」

小紅母雞將麥粉加上奶粉、鹽、蜂蜜做成麵包。

請鄰居們幫忙，他們卻都說：「不行，我們累死了。」

小紅母雞烤好麵包，聞起來好香喔。

她說：「小雞，我們來吃吧。」

這個時候她卻聽到敲門聲，狗兒、貓咪跟老鼠這幾個鄰居異口同聲說：

「我們好餓哦，小紅母雞，可不可以給我們一

點ㄉㄧㄢ麵ㄇㄧㄢ包ㄅㄠ？」

小ㄒㄧㄠ紅ㄏㄨㄥ母ㄇㄨ雞ㄐㄧ想ㄒㄧㄤ了ㄌㄜ一一想ㄒㄧㄤ：「不ㄅㄨ知ㄓ道ㄉㄠ耶ㄧㄝ。」

「我ㄨㄛ該ㄍㄞ不ㄅㄨ該ㄍㄞ分ㄈㄣ給ㄍㄟ他ㄊㄚ們ㄇㄣ？怎ㄗㄣ樣ㄧㄤ做ㄗㄨㄛ才ㄘㄞ算ㄙㄨㄢ公ㄍㄨㄥ平ㄆㄧㄥ呢ㄋㄜ？」

1.畫ㄏㄨㄚ一一幅ㄈㄨ圖ㄊㄨ表ㄅㄧㄠ現ㄒㄧㄢ出ㄔㄨ你ㄋㄧ如ㄖㄨ何ㄏㄜ解ㄐㄧㄝ決ㄐㄩㄝ這ㄓㄜ個ㄍㄜ難ㄋㄢ題ㄊㄧ。
孩ㄏㄞ子ㄗ們ㄇㄣ舉ㄐㄩ辦ㄅㄢ一一個ㄍㄜ復ㄈㄨ活ㄏㄨㄛ節ㄐㄧㄝ彩ㄘㄞ蛋ㄉㄢ大ㄉㄚ尋ㄒㄩㄣ寶ㄅㄠ遊ㄧㄡ戲ㄒㄧ。大ㄉㄚ部ㄅㄨ分ㄈㄣ的ㄉㄜ蛋ㄉㄢ都ㄉㄡ被ㄅㄟ大ㄉㄚ的ㄉㄜ孩ㄏㄞ子ㄗ們ㄇㄣ找ㄓㄠ到ㄉㄠ，有ㄧㄡ些ㄒㄧㄝ小ㄒㄧㄠ小ㄒㄧㄠ孩ㄏㄞ卻ㄑㄩㄝ一一個ㄍㄜ也ㄧㄝ找ㄓㄠ不ㄅㄨ到ㄉㄠ。

2.想ㄒㄧㄤ出ㄔㄨ一一個ㄍㄜ在ㄗㄞ家ㄐㄧㄚ或ㄏㄨㄛ在ㄗㄞ學ㄒㄩㄝ校ㄒㄧㄠ裡ㄌㄧ跟ㄍㄣ別ㄅㄧㄝ人ㄖㄣ分ㄈㄣ配ㄆㄟ事ㄕ物ㄨ的ㄉㄜ難ㄋㄢ題ㄊㄧ。使ㄕ用ㄩㄥ**需ㄒㄩ求ㄑㄧㄡ、能ㄋㄥ力ㄌㄧ、應ㄧㄥ得ㄉㄜ與ㄩ否ㄈㄡ**的ㄉㄜ觀ㄍㄨㄢ念ㄋㄧㄢ來ㄌㄞ解ㄐㄧㄝ決ㄐㄩㄝ，並ㄅㄧㄥ和ㄏㄜ同ㄊㄨㄥ學ㄒㄩㄝ分ㄈㄣ享ㄒㄧㄤ你ㄋㄧ的ㄉㄜ做ㄗㄨㄛ法ㄈㄚ。

③ 第三課
如何解決分配的問題？

本課會學到的概念

上完這一課，我們應該能夠說明如何解決「公平分配」事物的問題。

本課詞彙

計畫　負責

參與班級活動

有時我們必須決定誰該做什麼事，而要做到公平總是那麼不容易。

讀一讀一街小學所遇到的難題，決定誰該負責這項計畫。計畫指的是一項特別的工作。

你們必須分組，每組都假裝自己是一街小學的學生。

班級計畫

亞當斯女士是一街小學的校長。她告訴學生：「我要讓我們的學校看起來賞心悅目，我要你們都以自己的學校為榮。」

四年級的學生卡洛斯說：「我們可以彩繪走廊上的垃圾桶，把學校漆上明亮、愉悅的色彩。」

　　「好主意，卡洛斯。」亞當斯女士說：「我們可以舉辦一場競賽，選出一個班級來彩繪垃圾桶。」

　　「好啊，」卡洛斯點頭：「每個班級都可以提出自己想怎麼畫，然後每班推出一位班級代表，大家共同選出最好的班級來完成這項計畫。」

　　「我喜歡你的點子，」亞當斯女士說：「我們也可以請家長及其他校外人士來欣賞小朋友的成果。」

　　一年級阿拉摩先生的班做事很用心，他們的計畫很簡單。這些學生很負責，也做得非常好。他們總是會把學校的事做好，但是還沒有機會參與特別計畫。

　　二年級布魯斯先生的班彩繪過教室裡的垃圾桶。他們的教室看起來色彩明亮又愉悅。他們事前並沒有花多少時間計畫，認為用一些以前畫過的圖案就好。

　　強生女士的三年級學生上個月才剛完成一項特別計畫，而且做得很好。他們從來沒做過類似的事，他們很認真的在準備這個計畫。

　　吳太太帶的四年級生在教室牆上畫了些漂亮的圖畫。他們很賣力的擬訂彩繪垃圾桶的計畫。但只有幾個學生在工作，三個學生表示他們不想參加。

◊ 為活動做準備

第一組：評選委員會──負責選出優勝的班級

　　這一組必須選出執行這項計畫的班級。你們必須先開個會，讓每個班級在會議上報告，並說明為何應該選他們班的理由。這一組同學可以問他們問題，每個人都希望你們能做出公平的決定。請先選一位同學出來主持會議。

第二、三、四、五組：一街小學的學生

　　你們扮演學生，分別是阿拉摩先生、布魯斯先生、強生女士或吳太太的班級。你們必須告訴委員會為什麼你們的班級應該獲得這項計畫。

老師會給你一張思考工具表。請跟你的組員共同討論要回答的問題，運用思考工具表上的想法，計畫你要在會議上說的內容。第一組也必須想好要問其他各組的問題。

進行活動

宣布會議開始。主持人說明開會的理由，然後請每個班級發言。

在各班說明他們為何有資格負責這個計畫後，第一組可以問一些問題。

每組都發言後，會議結束。第一組必須集合討論做最後的決定，選出一個班級來執行這個計畫，同時說明做出這項決定的理由。

深入討論

這個決定公平嗎？為什麼？

你怎樣用需求、能力、應得與否的觀念來做出決定？

下一次你會如何運用同樣的觀念，解決「公平分配」的問題？

第四課
怎樣回應錯誤和傷害才算公平？

本課會學到的概念

　　在這一課中我們會學習用公平方式回應別人造成的錯誤或傷害。我們也會學到問一些問題，能幫助自己解決困難。

本課詞彙

匡正ㄨㄤㄓㄥˋ 傷害ㄕㄤㄏㄞˋ 錯誤ㄘㄨㄛˋㄨˋ

重ㄓㄨㄥˋ 要ㄧㄠˋ 觀ㄍㄨㄢ 念ㄋㄧㄢˋ

"我ㄨㄛˇ們ㄇㄣ˙為ㄨㄟˋ什ㄕㄣˊ麼ㄇㄜ˙想ㄒㄧㄤˇ要ㄧㄠˋ回ㄏㄨㄟˊ應ㄧㄥˋ別ㄅㄧㄝˊ人ㄖㄣˊ對ㄉㄨㄟˋ我ㄨㄛˇ們ㄇㄣ˙造ㄗㄠˋ成ㄔㄥˊ的ㄉㄜ˙錯ㄘㄨㄛˋ誤ㄨˋ或ㄏㄨㄛˋ傷ㄕㄤ害ㄏㄞˋ？

　　如ㄖㄨˊ果ㄍㄨㄛˇ真ㄓㄣ有ㄧㄡˇ事ㄕˋ情ㄑㄧㄥˊ發ㄈㄚ生ㄕㄥ時ㄕˊ，我ㄨㄛˇ們ㄇㄣ˙可ㄎㄜˇ能ㄋㄥˊ不ㄅㄨˋ知ㄓ道ㄉㄠˋ該ㄍㄞ怎ㄗㄣˇ麼ㄇㄜ˙做ㄗㄨㄛˋ。但ㄉㄢˋ我ㄨㄛˇ們ㄇㄣ˙要ㄧㄠˋ做ㄗㄨㄛˋ的ㄉㄜ˙是ㄕˋ如ㄖㄨˊ何ㄏㄜˊ用ㄩㄥˋ公ㄍㄨㄥ平ㄆㄧㄥˊ的ㄉㄜ˙方ㄈㄤ式ㄕˋ回ㄏㄨㄟˊ應ㄧㄥˋ。

一個人可能會做錯事，表示他們不守法律或規定。

➜ 卡爾下課時間在走廊上奔跑。他違反了校規。

➜ 丹妮過馬路時闖紅燈。她違反了交通規則。

你曾看過別人犯了什麼錯誤？

_____

_____

_____

_____

_____

一個人可能會造成傷害，表示他們傷害到某些人或損壞某些事物。

➜ 吉姆和比爾在玩球，吉姆打斷了比爾的牙齒。

➜ 蒂夏用愛莉的鉛筆，她把鉛筆折斷了。

你曾經看過別人造成什麼傷害？

_____

_____

_____

_____

一個人可能會做錯事，並造成傷害。

➔ 多蒂把名字寫在桌子上。她做錯了事，也損害了學校的公物。

➔ 媽媽說：「不要玩食物。」邁克在弟弟的牛奶裡放鹽，害弟弟喝了想吐。

你曾看到別人犯過什麼錯誤同時造成傷害？

_____

_____

_____

當一個人做錯事時，我們會想做某些事或說某些話。我們會想「回應」，想修正錯誤。修正某些事物表示把錯的事情弄對，就是匡正錯誤。

➜ 卡爾下課時間在走廊上奔跑，違反了校規。

公平的做法可能是跟卡爾談談違反校規的事。如果他以前犯過同樣的錯，可以要他下課時間留在教室裡，做為懲罰。

當一個人造成傷害，我們會想做某些事或說某些話。我們會想回應以及匡正錯誤。

➜ 吉姆玩球時打斷了比爾的牙齒。

公平的做法可能是要吉姆下次小心點。叫吉姆幫比爾出看牙醫的錢，可能也算公平。

「熊熊家族」的故事

還記得「熊熊家族」第三章的故事嗎？熊熊們又遇到了麻煩：如何公平回應別人犯的錯誤。我們來看看其中的一個問題。

小倫插隊。老師看著他：「你不是第一次插隊了哦！」他責備的說道：「你覺得我該怎麼做？」

小倫犯了什麼錯？

小倫造成什麼傷害？

對小倫的錯誤，怎樣回應才算公平？

〃熊熊們以什麼公平方式回應？

　　你有沒有看出故事中的熊，他們想用什麼方式把事情處理好？他們必須照著下面步驟思考問題。

步驟一、造成的錯誤或傷害是什麼？

➜ 小倫插隊是錯誤的行為。有權利先輪到的人，小倫剝奪了他們的權利。這是一種損害。

步驟二、誰造成這些錯誤或傷害？

➜ 小倫插隊，讓其他人沒辦法先輪到。

　　小倫是故意插隊嗎？或者只是不小心？

　　小倫應該早就知道插隊是不對的？

　　他以前就插過隊嗎？

　　他對自己犯的錯誤感到後悔嗎？

　　他有沒有試著解決問題？

步驟三、誰受到這些錯誤或傷害影響？

➜ 玩球時輪不到的小孩。

他們是不是也有錯？

步驟四、怎麼做才能解決問題（公平回應）？

➜ 在小倫犯的錯誤中我們可以有以下的做法。

我們可以幫助小倫了解他錯在哪裡。

我們也可以讓小倫輪不到。

我們可以要求小倫向大家道歉。

我們可以規定小倫下課時不准玩。

步驟五、還可以考慮什麼其他的做法？

➔ 只因為小倫插隊就送他去坐牢，公平嗎？為什麼？

你有沒有聽人說過：「賞和罰應該合情合理。」這是什麼意思？

我們對錯誤或傷害的回應公平嗎？

對錯誤或傷害的回應必須不多不少，恰到好處。

　　我們要先分組。大家一起閱讀「追逐」，然後使用前面的五個步驟思考問題。每一組要找出一個公平的回應方式並將心得跟班上同學分享。

追逐

　　貝茲正在走廊追蒂莎，這不是他第一次喜歡追著人跑。老師曾跟她講過：「在走廊上奔跑是違反校規的，會讓人受傷。」

　　蒂莎想要擺脫貝茲，她飛快地跑，沒有看到喬就在轉角，正拿著牛奶要送去蒂爾老師班上。

　　蒂莎跟喬撞個正著，盤子裡的牛奶盒被撞飛到地板上，有些破掉了，牛奶灑得到處都是，蒂莎說：「很抱歉，我幫你清理。」貝茲從另一一邊跑了。

　　蒂爾老師看見了說：「貝茲，妳給我回來。妳們跟我來。」

展示學習成果

想出一個犯錯或傷害的故事。可能是在家、在學校、甚至鄰里中發生，也可以是自己編的故事。

運用這一課所學談談是怎樣的錯誤與傷害，你是如何回應的，為什麼認為這樣回應很公平。

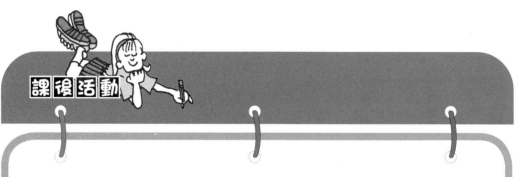

課後活動

1. 看看下面的問題。你看到的錯誤或傷害是什麼？把你認為比較公平的回應跟班上同學說明。

   輪到阿里騎腳踏車了，他不讓珍珠騎。珍珠打了阿里，阿里的手臂受傷，得去看醫生。

2. 和同學一起從報紙或雜誌，找出一則有關錯誤或傷害的故事。一起閱讀這篇文章。看看故事的回應公不公平？為什麼？與班上同學分享。

第五課
如何以公平的方式回應錯誤和傷害？

本課會學到的概念

　　這一課我們會學到用公平的方式回應錯誤或傷害的問題。上完這一課，我們應該能說出解決問題的辦法。

本課詞彙
調解人　協議

重要觀念

參與班級活動

大多數時間我們都試著和鄰居和睦相處，但偶爾也會產生一點問題。

閱讀故事中兩個鄰居間所發生的問題，決定用什麼方式「公平回應」。你要把自己當做是故事中的人，才能做出決定。

玩火柴

瑪麗史密斯今年十歲，她的弟弟湯姆今年五歲。他們住在彼得斯女士隔壁。彼得斯女士對他們很友善，經常請他們到後院玩，招待他們餅乾及檸檬汁。

有一天，瑪麗說：「彼得斯女士不在家，我們去瞧瞧她的車庫裡有什麼東西。」

湯姆說：「好哇。」

孩子們找到通往車庫的側門而且沒鎖，瑪麗把門打開。「好黑哦，」湯姆抱怨：「我不敢進去。」

瑪麗看到一些蠟燭，說道：「我回家去拿火柴。」

她回來後，點燃了一根蠟燭，湯姆進入車庫：「哎唷！」他的腳踢到一個罐頭，身體失去了平衡，就撞到瑪麗身上，蠟燭掉到地上。突然間，火焰從一堆破布中燒了起來。

瑪麗跟湯姆試著滅火，然後跑回家打119。消防隊來得十分迅速，可是彼得斯女士的東西還是有的燒掉，有的泡水毀掉。

彼得斯女士回到家後非常的生氣，她去史密斯先生家理論：「你必須賠償損失，並且處罰你的小孩。他們沒有經過我的同意就進入我的院子！」

史密斯先生說道：「這件事妳也有責任，彼得斯女士。」「妳以前讓小孩在妳的院子裡玩；妳沒有把門鎖好；妳把蠟燭放在小孩子拿得到的地方。」

為活動做準備

三個人一一組。老師會分配你們扮演的角色。有些同學必須演調解人的角色。

調解人扮演居中協調的角色。幫助意見不同的人找出公平解決問題的方式。你幫助彼得斯女士及史密斯先生互相諒解或達成協議。不偏袒也不護短，你不做決定。

彼得斯女士。說明妳的立場，妳想要如何解決問題。妳試著想辦法解決，希望達成對妳公平的協議。

史密斯先生。說明你的立場，你想要如何解決問題。你試著想辦法解決，希望達成對你及孩子公平的協議。

老師會給你們一張思考工具表，上面有第四課學到的思考問題，這些提問會幫助你們想想這個難題。

會面時你想說些什麼？參考你寫在思考工具表上的內容。

進行活動

調解人主持會議，請依照下面的順序進行。

1.介紹雙方。

2. 解釋會議的規則。

3. 請雙方各自說明發生的事情。

4. 想想各種解決問題的方法。討論每個新的意見，看看你們雙方是不是都同意。如果不同意，請說明原因。這一個步驟得花一點時間進行。

5. 如果你們已經達成協議，把內容寫下來。如果你認為協議很公平，在上面簽名。並跟班上報告小組裡的狀況。

深入討論

這裡對錯誤及傷害的回應公不公平？

這些回應是否匡正錯誤或傷害？

他們能不能避免傷害或錯誤再度發生？

第六課
怎樣找出真相才算公平？怎樣做出決定才算公平？

本課會學到的概念

　　這一課我們會學到用一些公平的方法找出事情的真相及做決定。我們會學到問一些問題，來幫助我們思考解決難題。

本課詞彙

隱私　尊重

重要觀念

> "為什麼我們需要用公平的方式找出真相？
> 用公平的方式做出決定？

很多時候我們想找出事情的真相：

➔ 你會想知道是誰弄壞了你的新玩具。

➔ 老師想知道是誰拿了她桌上的錢。

➔ 警察想找出是誰搶了銀行。

你想找出哪些事情的真相？

_____

_____

_____

很多時候我們想做個決定。

➔ 父母要帶家人去哪裡度假？

➔ 全班同學要怎麼使用義賣糖果所賺到的錢？

➔ 法官要怎樣處理銀行搶匪？

你曾經做過什麼決定？

_____

_____

_____

_____

　　用公平方式發現真相並做出決定，相當重要。如果有人說你做錯事，你需要說出自己所了解的事實，並應該問那些說你有錯的人一些問題。

　　判定真相的人，應該要公正無私。我們想要蒐集所有必要的資訊，以公平的方式使用，做出公平決定，我們必須確定沒有妨礙到任何人的權利。人們有隱私權。

　　隱私指的是你不想被任何人打擾，或想保有自己的秘密。沒有充分理由，要別人講出自己的秘密，並不公平。

　　我們也應該懂得尊重他人，「己所不欲、勿施於人」，不能為了要別人說出你想知道的事而傷害他們，應該讓他們說出自己的想法。

「熊熊家族」的故事

　　還記得「熊熊家族」故事的第四章嗎？熊熊遇到找出真相和做決定的問題。我們來看看這些問題。

　　貝貝和蒂蒂喜歡在餐廳幫忙，尤其是幫忙烤餅乾。

　　廚師嚷嚷著：「餅乾不見了！」他自言自語：「我該怎麼辦呢？我想找出誰拿了餅乾？要怎麼做才公平呢？」

廚師想找出的真相是什麼？

廚師用了什麼方法找出事情的真相？

廚師的作法公平嗎？為什麼？

　　稍後，老師告訴大家要選班長。美美、佩佩、小倫都想當班長。

　　老師說：「孩子們，並不是每個人都可以當班長。」她想著：「我該怎麼做？」

　　如何決定誰當班長才公平？

老師想要做什麼決定？

她用了什麼方式做決定？

老師的方式公平嗎？為什麼？

熊熊們怎樣找出事情真相？怎樣做決定？

　　熊熊們必須按照下面的步驟思考問題：

步驟一、想找出什麼真相？做什麼決定？

步驟二、找出真相的方式公不公平？

➜ 有沒有找出所需要的資訊，再做出公平的決定？
　我們能相信所找到的資訊就是真的嗎？
　有沒有偏袒任何一方？

步驟三 、用來做決定的方式公平嗎？

➜ 是不是每個人都有機會把自己的想法說清楚？

➜ 做決定的人有沒有偏心不公平的情形？

步驟四、還有哪些事情是我們應該考慮的？

➜ 有沒有人侵犯到別人的隱私？如果有，有沒有充分
　的理由？
　有沒有發生對人不尊重的情形？

解決問題

　　我們要分組進行。請先讀每個故事，使用前面所學到的四個步驟思考問題，決定怎樣做才算公平。如果你認為某些事或做法不公平，應該說出如何修正這種情形。

破窗

瓊斯太太住在街角的一棟房子。有一天，她家的窗戶被棒球打破。球上寫著薩爾。瓊斯太太出去，正好看到有些小孩在玩。

瓊斯走到小孩玩球的地方，抓住一個男孩的領子，劈頭就問道：「你是不是薩爾？」

小男孩說：「不是。」

瓊斯太太說：「我不信，把你的口袋翻出來，我找找看有沒有你的名字。」

就在這時候，有一個小男孩上前說：「我叫薩爾。」

「這是你的球嗎？」

「是我的球沒錯，可是我並沒有打破妳的窗戶。」

有一個鄰居看到事情的經過，瓊斯太太也去問他。鄰居說：「球是另一個小男孩打的，球直直的飛過妳家窗戶。」

瓊斯太太說：「是真的嗎？」其他孩子都說：「沒錯，是個意外。我們非常抱歉。」於是瓊斯太太跟小男孩道歉，說她不應該拉扯他。

班長

　　譚雅是班長。她向全班同學宣布：「星期五我們要開個會，選出今年的班級計畫。每個人都要提供一個點子，說出自己的想法，然後，我們要投票選出自己最喜歡的。」

　　星期五譚雅主持了會議，她只聽黑頭髮同學的意見，有些人很不以為然，但譚雅不給他們機會發言。艾爾的英文不太流利，他想找阿璜代為表達，譚雅說：「不可以！」

　　瑪麗是譚雅最要好的朋友。譚雅說：「我認為瑪麗的主意最好，我們都應該投她一票。」

展示學習成果

　　仔細看看以下問題，選一個你想做的。應用你在本課學到的觀念，畫出一幅圖來說明，你會以怎樣的方式公平解決問題。

1. 卡洛斯將新故事書放在書桌上，突然不見了，怎麼也找不到，他想可能是茱莉下課時拿的。

2.東尼、瑪麗、佩卓都是雪莉的朋友。雪莉邀他們去看電影，有一部她認為很棒，可是有些人並不覺得，因此對於看哪部電影，他們一直都無法做成決定。

　　等你畫好了，給全班同學看你的作品，並說明你如何用公平的方式解決問題。

1.看一個內容是有關尋找事情真相的節目，說明他是怎麼辦到的。你認為這樣公平嗎？把你的看法跟同學分享。

2.跟父親或母親、校長或鄰居談談，問他們如何做出公平的決定。

LESSON7

第七課
如何以公平方式找出真相？如何以公平方式做出決定？

本課會學到的概念

　　這一課我們要學習解決一個難題，我們要學習用公平的方式找出事情的真相並做出決定。讀完這一課，你應該能說出如何解決問題。

解決問題

♪參與班級活動

　　我們要分組進行，先讀賈西亞老師班上發生的問題，然後決定一個公平的方式去尋找大家都想知道的真相，並做一個公平的決定。

牛奶錢不見了

　　每天早晨潔莉會跟班上同學收牛奶錢，再把錢交給導師賈西亞先生。賈西亞老師會把錢放在桌子裡，中午潔莉再把錢拿去午餐室，帶牛奶回來給同學喝。

　　潔莉說：「賈西亞老師，我該去拿牛奶了。」賈西亞老師察看自己桌子的抽屜：錢不見了！他到處都找遍了，還是找不著，他著急得不得了，問道：「有沒有同學看到錢？」每個人都說沒有。

　　午餐時間，有些人在交頭接耳：「有人偷了我們的錢！」他們很生氣，討論有可能是誰。

　　查克說：「珍總是惹麻煩。又愛亂說話，還常常先引起衝突。」

麗塔說：「珍和瑪拉下課時會在一起玩，她們會躲在大樓後面或禮堂。」

傑克突然想起，今天下課時他沒有看到珍和瑪拉。他說：「我猜一定是珍偷的。」

其他學生看著珍和瑪拉。

「妳們下課時到哪兒去了？」

「在操場盡頭啊」珍回答。

「沒錯。」瑪拉附和。

「確實是在操場那邊，」瑪拉說：「問雷恩嘛，他有看到我們。」

「雷恩什麼也看不見。」傑克回答。

「我們沒有拿錢！」珍大叫：「你只是不喜歡我們，因為下課時，我們不跟你玩那些蠢遊戲。」

　傑克拿起餐盒往珍的身上丟，瑪拉也拿餐盒丟向傑克。就在這個時候，導護老師看到他們。

　　「瑪拉！」她大喊：「妳跟珍又惹麻煩了嗎？去坐在那個凳子上。放學後你們兩個到我辦公室。接下來的兩個星期，妳們每天放學後都得留在學校。」

♪ 為活動做準備

　　想像你是賈西亞老師班上的學生。如果有人拿了某樣東西，你希望能用公平的方式找出真相。你也希望：當有人說某個學生做錯事時，你們能以公平的方式做決定。賈西亞老師的班級得開個會，訂個計畫好讓事情更公平。

老師會把班上同學分組，發給每組一張思考工具表。回答表上的問題後，你那一組也會製作出一張表，表上列有公平找出真相及做出決定的各種方式。

老師會發一大張海報紙給每一組。把你們的想法寫或貼在海報紙上，跟班上的同學分享。選出一位同學擔任會議主持人。

♪ 進行活動

主持人先請大家安靜，接下來要每組輪流出來，說出各組的看法，並且請其他組發問。

每組都必須和班上同學分享看法，每個人都得幫忙決定最後的辦法是什麼？把這些想法寫或貼在大張海報紙或黑板上。

♪ 深度討論

你認為大家為賈西亞老師班級訂的計畫公平嗎？

這份計畫有沒有不公平的地方？如果有，你要怎樣修正？

你覺得有這樣一份班級計畫好不好？為什麼？

NOTES

NOTES

學習思辨的智慧

散播正義的種子

推展法治教育向下扎根

我們的孩子是否能在班上和同學討論問題、
制定共同的規則？
未來是否也能在團體中和同伴理性互動，
凝聚共識？
在重視人權的年代，能否尊重自己、也尊重別人？
是否學會在個人利益和公共利益間找尋平衡點？
能否體認在家庭、學校及社會的責任？
未來是否能善盡社會責任，成為社會的好公民？
公平正義是否已在孩子們心中萌芽滋長？
我們的社會是否能藉由教育，
而成為講公平、求正義的公義社會！

民主基礎系列叢書

兒童版（適用幼稚園～國小低、中年級學生）
標準本 （22.5～29.7cm）

兒童版（適合教師教學與家長說故事使用）
大開本 （29.3～38.2cm）

捐款專戶

銀行轉帳

戶名：財團法人民間公民與法治教育基金會
銀行：玉山銀行 城東分行（銀行代號：808）
帳號：0048-940-000722（共12碼）

郵政劃撥

戶名：財團法人民間公民與法治教育基金會
帳號：50219173

地址:台北市松江路100巷4號5樓
電話：（02）2521-4258
傳真：（02）2521-4245
更多資訊請見法治教育資訊網： http:// www.lre.org.tw
Email：civic@lre.org.tw

少年版（適用國內5～9年級）

老師，你也可以這樣做！

當教育碰上法律

本書是國內第一本從法律與教育專業的角度來探討校園問題的專書，兼顧教育目的、法律理念與校園實務，嘗試化解校園中日益嚴重的緊張關係，並積極營造良好的學習環境，以培養現代法治社會的優良公民。這是關心台灣法治教育的你，絕不容錯過的一本好書。

五南圖書出版股份有限公司

電話：（02）2705-5066
傳真：（02）2706-6100
地址：台北市大安區和平東路二段339號4樓

公民行動 的學習與開始

學生手冊

教師手冊

公民行動方案
★Project Citizen I

學生手冊‧定價120元
教師手冊‧定價130元

民間公民與法治教育基金會／主編‧**五南**／出版

　　這是一套從小即開始培養孩子關心週遭社區的問題、訓練溝通技巧、與擬訂行動計畫的公民參與能力，使其在多元化的社會，能針對公共議題審議，進而形成共識與分工，完成社會的改進的教材。學生透過課程的訓練培養成為會議領導者、意見統整者、議題建構者、計畫執行者等等。

　　教材中提出了幾個重要的步驟，讓有心學習公民行動技能者，或是想要培養社會科學研究能力者能有所依循：而決定行動方案的公共議題，可以是班級性、全校性、社區性、甚至全國性、全球性的問題。從行動實踐的角度來看，也可以先從自己的生活周遭來關懷起，如班級的整潔、秩序、霸凌、考試作弊，或如社區的污染、交通秩序、衛生、美化等。過程中，學生必須先研究所關心的公共議題，分析其成因和現況，掌握解決問題的職掌和相關資源所在；再來學生必須檢討出可行的改進策略，決定將採取何種策略。最後，將其所決定之策略，轉化成實際的計畫與行動。

五南圖書出版股份有限公司

電話：（02）2705-5066
傳真：（02）2706-6100
地址：台北市大安區和平東路二段339號4樓